**Spirituelle oplevelser.
En anden verden.**

Henriette Munkholm de place.

Spirituelle oplevelser.

© 2020 Henriette Munkholm de place
Forlag: BoD – Books on Demand, København, Danmark
Tryk: BoD – Books on Demand, Norderstedt, Tyskland
1.udgave
ISBN: 978-87-4301-609-0

Indholdsfortegnelse.

Forord.

Drømme du husker, det kan være om dyr, du ser i drømmen et dyr, der hvor du normalt ikke ville se det.
Det kan være en følelse eller tanke du har. Det kan være en du ikke har set længe pludselig ringer eller skriver fordi du lige havde brug for det.
Du får hjælp fra uventet kant eller måske ser du en du ved er gået i forvejen ud af øjenkrogen, men som er væk når du ser efter.
Oplevelserne kan være mange og forskellige, de betyder det for dig som føles rigtigt og som er din første indskydelse når du lige mærker hvorfor.
Jeg vil godt dele nogen af mine spirituelle oplevelser med dig, måske er de også en vejledning eller inspiration for dig til at se mere på din spirituelle side.

Rigtig god fornøjelse

DEN USYNLIGE VEN.

Jeg er vel omkring de 12 år, da jeg igen mærker at der er en anden verden.

Vi skal spise og jeg har dækket bord, husker ikke længere hvad vi fik at spise.

Jeg beder min mor om at sætte sig på en anden stol, da der sidder en på den stol, hun ville sætte sig på, hvad gør der siger hun, ja der sidder en, så der kan du ikke sidde, efter lidt tid sætter hun sig på en anden stol.

Hun siger ikke mere og er lidt fjern I blikket for næst efter at smile.

Min storebror kommer ud i køkkenet og vil så sætte sig der, hvor jeg lige har sagt der sidder en.

Jeg beder også ham om at sætte sig et andet sted, han kigger underligt på mig og ryster på hovedet.

Mor forklarer at jeg har fået en usynlig ven som sidder der.

Min lillesøster sidder allerede ved bordet, så der står nu en stol ved siden af mig, hvor det kun er mig der kan se der sidder en.

Denne oplevelse kom jeg i tanke om mange år efter da jeg atter åbnede op for at bruge mine evner.

Jeg tænkte tilbage på oplevelsen med en kærlig tanke, som nu da jeg sidder og skriver om den får følelsen af at min familie ligesom bare accepterede og lod mig have, som at ja Henriette har en usynlig ven.

Der er mange børn der i en periode har usynlige venner, det er ikke det samme som at se en ånd sidde i en stol.

Det at have usynlige venner som barn er et led i udviklingen og er med til at forme barnet.

Ulykken.

Jeg har været på lærerseminarium, et til et møde, der havde trukket ud, et ekstra møde da jeg var blevet valgt til formand i elevrådet.
Jeg havde min datter med og vi havde lidt småtravlt fordi vi skulle nå hjem og hente min mindste dreng i børnehaven.
Vi skal over Storstrømsbroen og vi er næsten lige kommet på den, da der kommer en bil fra den anden side af.
Jeg hører kun lyden af et brag og pludselig kan jeg ikke dreje på rattet eller bremse, bilen kører bare derud af, for langsomt at tage farten af lige før den er ved at kører ud på cykelstien.
I mine tanker ser jeg os ryge ud over og ned i vandet.
Bilen holder stille lige før den rammer gitteret ind til cykelstien jeg hører min datter, sige hvor er mine balloner,
hun var faldet i søvn og troede det var hendes balloner der var sprunget.
Jeg beder hende gå ud af bilen og blive stående ved kanten af vejen imens jeg forsøger at komme ud af bilen, men min fod og mit ben sidder klemt fast imellem rattet og fordækket som er mast fuldstændigt op i rattet.

Efter megen masen får jeg mit ben trukket op og gjort så jeg kan komme ud af bilen via passagersædet.

Ude på cykelstien er jeg mærkelig rolig og dog lidt i panik for om min datter ville blive hvor hun var. Jeg hjælper og snakker med den dame, der kørte ind i vores bil.

Da vi er kommet hjem til min mindste dreng, som er blevet hentet af en bekendt, er der gået flere timer, først nu mærker jeg at de fra den anden verden har været omkring os både og ude ved bilen, ja faktisk var det dem der havde stoppet bilen.

Det var også der flere timer efter at jeg for første gang efter ulykken mærkede min krop og det var ikke godt.

Jeg er dem evigt taknemmelig for at være der, dengang og nu og altid.

Jeg er taknemmelig for dem der var der for os da jeg havde brug for hjælp.

Måske du har oplevet at få hjælp fra oven? Det er jo ikke altid at det er så drastiske situationer, hvor du får hjælp fra oven, men det kan være helt almindelige dagligdags situationer.

Farfar.

Jeg vågnede en morgen for etårstid siden, lettere forvirret jeg havde drømt om en mand, der havde stået og kigget på vores soveværelses vindue, han svarede ikke når jeg spurgte, hvem han var, hvad han ville.

Han gik fra soveværelset og ind i vores datters værelse stadig uden at svare mig og så vågnede jeg.

Jeg stod op og gik i køkkenet, drak min morgenkaffe, trak engle budskaber fra mine kort og filosoferede over, hvad den drøm mon betød, hvem var han og hvorfor svarede han mig ikke. Jeg syntes han mindede mig om en jeg havde set før, han mindede mig lidt om Vladimir Putin sådan lidt hovedformen.

Der gik nogen dage indtil jeg tilfældigt fik kigget på væggen, hvor anegalleriet af min mor og fars side hænger i to store rammer, det var farfar der havde været der, men hvorfor kigge på mine vinduer og ikke svare mig? jeg brugte nogen dage på at mærke efter og tænke over hvad jeg ubevidst kunne have tænkt, jeg godt ville vide noget om.

Jeg hev gammel viden om drømme, symboler og farver frem fra hukommelsen.

Huset er mig selv, da der ikke var andre i huset end mig og farfar, hus betyder hjem dig og din sjæl der hvor den bor, så jeg vidste at det måtte handle om mig. Vinduer er dem vi kigger ud ad eller ind ad så da han stod og kiggede ud af dem og kiggede på dem, tolker jeg det som mine øjne altså den måde jeg ser på verden på, der måtte være noget jeg skulle se anderledes på

Det er altid spændende at kigge på sine drømme, de gemmer på mange små beskeder, viden du kan bruge til at arbejde videre med dig selv.

Drømme kan være dele af det der er sket dagen før, du har brug for at bearbejde, lidt lige som at ryste det af sig.

De kan være en vejledning fra en anden verden som du kan tage med dig og følge i din hverdag, når du har forstået hvad din drøm gik ud på

Drømme kan være barske (mareridt) gode og lærerige, de gemmer på rigtig meget viden, der kommer inde fra dig.

Hav en lille bog eller et stykke papir liggende på dit natbord og når du vågner og husker dine drømme, så skriv dem ned som det første du gør.

Bag efter kan du sætte dig når du på et tidspunkt har ro til at se på drømmen igen. på hvad du så, en bil – hus – båd- dyr osv. farver og symboler hvad betyder de for dig

Hatte og andre finurligheder.

Det sker at en hat bliver puffet ned fra væggen en pære der blinker en ukendt lyd, det er sket mange gange.

Hvorfor, det kan hænge sammen med de tanker jeg har haft om et eller andet på lige det tidspunkt.

De fortæller de er der og nogle gange er det et svar til det jeg Havde tænkt eller de vil gerne i kontakt med mig.

Mærk efter inde i dig selv når du har en sådan oplevelse, hvad har du tænkt, hvad har du følt.

Jeg elsker at fotografere rigtig meget, det er en del af mig og nogle gange har jeg taget billeder, hvor jeg efterfølgende har kunnet se at der var nogen på billedet, som ikke var der da jeg så motivet, det er fantastisk at tage disse billeder, jeg er meget fascineret af at det kan lade sig gøre.

Jeg tror det sker fordi de har noget at fortælle mig og fordi at det er sådan det skal være, vi skal ikke altid vide hvorfor.

De vil rigtig gerne kommunikere med os fra den anden verden Vores kære afdøde eller guider, det kan lade sig gøre på mange måder, du skal være åben og bruge dine sanser, være opmærksom og lytte til dig selv.

Meditation.

Meditation er for mig en helt naturlig del af det at være spirituel, Det er i meditation at jeg stilner mine egne (ego) tanker og bliver stille, så jeg kan lytte til og kommunikere med den anden verden og med min sjæl.

Der er rigtig mange måder at meditere på og der er ingen forkerte måder at gøre det på, du mærker når du har fundet din måde at gøre det på.

Det kan være, det for dig er at strikke, sy, gå, male fælles for det er at det er der, hvor du ikke stopper op og begynder at tænke over f.eks. tænker du, hvorfor sagde hun det, jeg har da aldrig osv. Lad tanken passere ikke begynde at dissekerer dem.

Du kan også lytte til guidede meditationer, dem er der rigtig mange af på nettet.

Der er trommerejser og mange andre måder at rejse ind i dig selv på.

Jeg har i nogle af mine meditationer set flotte farver og lys-dyr-blomster og små væsner fra naturen.

Små symboler på hvad jeg havde og har brug for i min hverdag.

Symboler som en farve eller et dyr – menneske, hvad du nu ser under dine meditationer, er hvis du vil tolke på hvad det er du skal vide, og hvad det betyder. I alt sin enkelhed at hvad betyder disse symboler for dig

Under en meditation for rigtig mange år siden, ja faktisk en af de første gange efter jeg havde taget uddannelsen til Mindfulness instruktør.

Jeg havde en fornemmelse af at være meget, meget gammel der var fuldstændig sort omkring mig intet lys og jeg havde fornemmelsen af at gå i vand trækkende med en båd efter mig og en stage i hånden, ligeså langsomt kan jeg ane hvad der er omkring mig og pludselig er der lys omkring mig, faktisk lidt som nat og dag.

Da jeg igen kom tilbage til det rum jeg sad i, gav det jeg så i meditationen slet ikke mening.

Flere måneder senere gav det jeg havde set mening.

Det var mig (min sjæl) som skulle lære at se lyset inde i mig at lære at navigere i mine følelser at slippe og være i det der var og det der kommer.

@Munkholm foto og kunst

Mor.

En sommeraften i juni på hospitalet i Næstved.
Vi er blevet bedt om at komme alle sammen, fordi min mor ligger for døden efter mange års kamp mod sygdom.
Da jeg ankommer til Hospitalet er min lille søster nået frem og har snakket med mor og går ud for at kigge efter min bror og jeg snakker lidt med min mor, men jeg kan desværre ikke helt forstå hvad hun siger til mig.
Min bror når frem og han snakker lidt med mor og sætter sig så i nærheden af min søster og de snakker, jeg hører dem ligesom i baggrunden imens jeg lytter til min mors vejrtrækning, hun ligger med lukkede øjne og holder mig i hånden.
Jeg kigger ud ad vinduet og pludselig ud af det blå er der en due, jeg kigger på duen der flyver stille rundt imens jeg lytter til min mors åndedræt, der stille stopper op og i samme sekund, det stopper, ser jeg endnu en due de flyver lidt rundt for så i samme nu at være væk.
Det var en meget smuk oplevelse.

Eva Munkholm

Sjælen.

En aften ved sengetid, jeg har siddet og arbejdet ved min pc, klokken er blevet rigtig mange.

Jeg går på badeværelset og gør mig klar til sengetid, jeg står og kigger på mig selv, ser mig selv, hvordan jeg ser ud.

Jeg får en fornemmelse af at skulle kigge ud ad vinduet, der står en (ikke fysisk) jeg bliver først lidt forskrækket og kigger væk, jeg går hen imod vinduet for at sikre mig at der ikke er nogen (fysisk)

Der er stadig en og jeg ser ligesom en kutte eller hætte vedkommende har omkring hovedet, jeg ser et smilende ansigt og har fornemmelsen af at kende vedkommende, jeg står der i følelsen af ren kærlighed i hvor lang tid ved jeg ikke.

Jeg går ud af badeværelset, for igen at gå ud og se om vedkommende stadig er der, der er ingen.

Jeg er sikker på at jeg så mig selv min sjæl.

Dyr.

På mange af mine ture ud i naturen, både privat, men også når jeg har klienter med ud til Mindfulness sessioner eller som en del af et selvudviklings naturterapi forløb.

Mødt dyr lige pludselig, for ikke så længe siden var jeg en aften i en mediecirkel og skulle lave en afdøde kontakt, jeg kigger ud ad vinduet og ser en duehøg flyve op og sætte sig i et grantræ, for der efter at flyve ned mod græsset og igen flyve op i træet.

Det gjorde den lige så længe vi var der.

Da vi er færdige og hjem, står jeg og snakker med en kollega, da jeg får øje på en stor hare som er ganske tæt på, vi snakker videre og ikke længe efter ser jeg haren sidde under 3 meter væk fra os, jeg siger ja kom du bare herhen, men så hopper den stille væk fra os.

Jeg kører hjem ad og jeg har kørt et godt stykke vej, pludselig løber 3 rådyr hurtigt over vejen og ind på marken, da jeg når hen til hvor de løb over kan jeg ikke længere se dem.

Jeg er klar over at jeg skal bruge disse oplevelser til noget, så jeg tænker lidt de følgende dage, men bliver enig med mig selv om at lade det være op til universet at give mig det hint eller den aha det var derfor jeg så dem.

For et stykke tid siden var jeg ude for at fotografere og da jeg parkere bilen. Jeg ved egentlig ikke hvorfor tanken opstod, men jeg tænkte jeg har ikke fotograferet en ugle, sådan en vil jeg da godt have et billede af.

Jeg går i skoven og har glemt alt om ugle billedet, jeg tager nogle fotografier af skoven og enkelte dyr, tilfældigt får jeg kigget op på en stor fuglekasse, som jeg har set flere gange før i hullet sidder Der en ugle, jeg bliver fuldstændig stille og får taget en del billeder af den.

Jeg er ikke i tvivl om at de har hørt mit ønske om at se en ugle og få et billede af den.

Fantastisk stemning dengang og nu hvor jeg sidder og skriver om det.

Det skal lige med at jeg forleden kom gående fra vores have og igennem garagen og ud i vores indkørsel, på vej ind efter nyt vand til vore kanin.

Ser jeg en stor hare komme løbende op og ind i vores indkørsel, da den ser mig, stivner den kortvarigt for så at løbe tilbage og ud ad vores indkørsel.

Det er som om dyrene kalder på mig.

@Munkholm foto og kunst

En dag på Fanø.

Jeg har læst til Spirituel vejleder på Fanø hos Dorthea Berg Jensen nu Uggerhøj.

Denne dag på Fanø skulle vi øve afdøde kontakt 2-2 Maibritt havde haft min bedstemor igennem, hun kom og rakte hænderne ud. Hun lagde 3 blomster i hånden 1 Gul-Blå og en Grøn, det var gaver til mig.

Hun sagde tak for blomsterne.

Jeg har 2 rammer hængende med familiebilleder fra både mors og fars side. Jeg sætter tit blomster i den vase, som jeg har fået af bedstemor lige foran anegalleriet.

Ligesom Maibritt havde sagt det sidste og ville sige noget mere, hørte vi Dorthea sige at vi skulle bytte.

Vi havde åbenbart misforstået, hvor lang tid vi havde hver især Så vi havde byttet.

Dorthea står stadig og taler, da Maibritt vender sig om og Fortæller at der står en lille dreng med matrostøj på.

Han rækker hånden frem, der ligger en sløjfe en rød sløjfe med prikker på en af dem vi havde i håret, da jeg var barn i 70,erne
Jeg husker jeg havde nogle stykker røde med hvide prikker og hvide med røde prikker og et par blå.
Imens Maibritt taler, løber der bare tårer ned ad min kind.
Jeg mærker min egen og Maibritts ærefuld følelse i kroppen.
Det føles som rigtig lang tid, da Dorthea siger du er godt klar over at han er død, det ved jeg godt siger jeg.
Resten af tiden på Fanø, den er fuldstændig ude af hovedet.
På vej til færgen siger jeg til Maibritt at jeg vil sende hende et par billeder, så hun kan se om det var ham og om det var den slags tøj som jeg havde på, på det ene billede.
Da jeg sendte billederne, skrev hun at det var den energi og det var den slags matrostøj han havde på bare med shorts.
Dette er en af de mange besøg af afdøde, der har været igennem et andet medie.

Ørnen.

Jeg kommer meget ud i naturen, ved skov og strand

I kraft af mine natursessioner, denne gang var jeg dog taget ud på en af mine mange fototure. Det var et sted jeg havde været en del gange før, men denne gang kunne jeg se at det var muligt at gå langs kysten og rundt om pynten.

Jeg gik der udad med det formål at se, hvor langt jeg kunne komme, for at se hvad der var et lille eventyr.

Da jeg nåede frem til pynten, lå der en stor træstamme man kunne sidde på. Der satte jeg mig og nød udsigten, solen og livet, jeg lavede en video til min facebookside om healing og selvkærlighed at finde ind i sig selv.

Da jeg rejser mig for at gå videre rundt, hører jeg en puslen som kommer oppe fra og jeg ser at en havørn sidder mindre en 2 meter fra mig i det sekund føler man sig meget ærefuld, den kigger på mig imens jeg beundrede den, jeg var fascineret over at den valgte at sidde lige der i nærheden af mig.

Jeg måtte have et billede af den, så jeg tog kameraet op og i det jeg gjorde det, fløj den op, jeg var heldig at få både et billede, men også den oplevelse at se den på så tæt hold, en fantastisk oplevelse.

Tal.

Har du nogle gange set tal eller numre på den ene eller anden måde, ligger der måske budskaber til dig i netop det at se tallet, numrene på det tidspunkt du så dem.
Jeg har set tallene 11:11 og mange andre, men faktisk vil jeg fortælle om en lille pudsighed, hvor tal kommer ind i billedet.
Jeg er født den 14 mine børn er født på disse datoer og i denne rækkefølge i forskellige måneder bortset fra den mindste som har i samme måned som mig. 5-14-14-5 og det pudsigste er at min mand er født d 14.
Det har jeg faktisk tænkt over nogle gange og jeg ved faktisk ikke helt, hvorfor at de er født på disse datoer som er de samme for 3 af os og ens for 2 af dem, men start med 5 og slut med 5.
Det er måske tilfældigheder eller?

Når man lægger 14 sammen bliver det til tallet 5
Men læg min fødselsdato 14+5+14+14+5=52 5+2=7
Læg min mands fødselsdato 14 til 7 er 14+7=21 2+1=3
Lidt som når man læser eventyr hvor tallet 7 og 3 gerne indgår.
Jeg er ikke den store spirituelle tal menneske, men for mig siger de tal vi har med os som i denne konstellation med ens energier i tallene at det giver harmoni.
Vi er ikke ens, men der ligger en ens energi i tallene, det betyder ikke at der altid er harmoni, for vi har jo hver vores grundlæggende energi tal med os og vi er her på hver vores rejse.
Lægger du tallet 7 til 3 så ser det sådanne ud 7+3=10 -1+0= 1
Sjovt sådan kan man lege med tallene og se på deres energier men det ved en Nummerolog, meget mere om.

12+14=26
3+1=4
5 8 4
8
2+6=8
7 1+2 3 3 3
13
2 8+5=0 4+1=5

Møde imellem mennesker.

Du kan møde et andet menneske, hvor man mærker man bare klinger sammen med er det kemi eller er der en anden forbindelse som vi ikke kan se?

Jeg har haft en oplevelse, hvor jeg bag efter har tænkt, det var mærkeligt, hvad skete der der.

Jeg var på messe og i en pause gik jeg op for at ville købe noget kaffe og jeg gik imellem standene og hen til en trappe og lige da jeg skal til at gå op ad trappen kigger jeg over mod en stand og får øje på en og i det nu er det som der kommer en genkendelse og jeg kan se at det samme sker med hende, det er som jeg kan mærke energien gå fra mig til hende og hun bliver ramt.

Jeg går videre i samme nu og tænker over dette møde i energierne.

Jeg tænker vi som sjæle kender hinanden.

Ravnen.

For et par år siden havde jeg ude foran vores hus et bord og et par træstole, (det har jeg stadig, blot ikke af træ) hvor jeg holder meget af at sidde og nyde naturen, blomsterne og fuglene som kommer forbi fuglebadet.

Jeg står sammen med min datter inde i køkkenet og pludselig siger hun der sidder en stor fugl på stolen og ja der gør der sørme en stor og meget flot Ravn. jeg vil så gå ud og tage et billede af den med min mobil, men jeg når kun ud til døren da den letter og det er for sent.

Der går nogle uger og jeg er på vej ud ad døren, da jeg ser den sidde på stolen igen. Et møde med universet, med naturen.

Der er klart en mening med disse møder med dette smukke dyr.

Manifestation - indre rejse - forvent det uventede, de kan også være varsler om noget der kommer, positivt og negativt.

Guldkuglen.

For en del år siden, havde vi besluttet at holde ferie i midt Jylland.

Vi skulle se lidt forskelligt og besøge min familie og se de steder De havde boet.

Første dag får vi pakket ud og set på sommerhuset, der er et skur hvor der står 2 frysere, jeg mærker straks en tung energi og har helt klar fornemmelsen af at der er sket noget der på et eller andet tidspunkt., så jeg lukker døren og er klar over at der skal vi ikke ud mere.

Vi får besøg af familien og jeg får en masse album fra familien med billeder jeg skal have fotograferet af.

Vi får set lidt af området, dagen efter kommer en af mine drenge der skal være på ferie sammen med os.

Vi skal besøge familien og under besøget skal vi ud og se, hvor mine oldeforældre har boet og hvor deres gravsted lå.

Vi parkerer ved kirken og vi er kun stået ud af bilen da min dreng siger jeg har været her før og forklarer hvordan der ser ud på kirkegården. Han er helt sikker på han har været der før enten i et tidligere liv eller med efterskolen han gik på.

Vi kommer om til mine oldeforældres gravsted eller der hvor de havde ligget, det var nu slettet, jeg spørg så min mors fætter om hvor Svend Otto mine oldeforældres mindste dreng.

Han forklarer at ovre bag kirken har der været gravsteder, det er der ikke mere. Jeg kigger på min dreng og kan godt se at han bliver helt mærkelig.

Dagen efter skal vi til Sønderjylland og besøge min fætter

Min dreng vælger at blive hjemme i sommerhuset.

Da vi kommer tilbage til sommerhuset, er han lidt ude af sig selv. Jeg snakker lidt med ham og han fortæller at han dagen før havde fornemmelsen af at der var nogen omkring ham og han havde den samme fornemmelse, som jeg havde omkring skuret. Han er bange og havde haft det ligesådan dagen før.

Imens vi sidder og snakker, da ser jeg en ild eller guld farvet kugle, som flyver rundt i rummet. Jeg forsøger at forklare min dreng, at han skal bede dem om at gå væk og lade ham få ro.

Jeg får ham beroliget så meget at han kan sove i værelset.

Jeg går i seng og kuglen følger med ind i soveværelset jeg er klar over at der er noget helt vildt galt med stedet hvor sommerhuset ligger. Kuglen bliver ved med at være der indtil jeg siger vi tager hjem i morgen, så flyver den ligesom over bag sengen og forsvinder.

Næste dag pakker vi sammen og kører hjem, det er først da vi kører over broen til Sjælland at min dreng falder til ro og denne fornemmelse af noget forsvinder.

Det er okay at vi kører hjem efter knap 4 dage, det har regnet alle dage.

Denne oplevelse har været lærerig og samtidig en meget voldsom oplevelse for min dreng.

Jeg har selv stået forskellige steder i Danmark og syntes jeg har været der før, men det er kun fornemmelsen, jeg har ikke decideret kunne beskrive stederne som sådan.

Jeg har prøvet at have følelsen af at dette her har jeg oplevet før lige denne situation og jeg har prøvet at opdage at hov det var jo det jeg drømte eller så i en meditation.

Der er meget kort afstand imellem den anden verden.

@Munkholm foto og kunst